Ce carnet
appartient a

....

....

🏠Nom :

🌐L'adresse du site :

👤Nom d'utilisateur :

🔒Mot de passe :

💬Remarques :

⬥⬥⬥⬥⬥⬥⬥⬥⬥⬥⬥⬥⬥⬥⬥⬥⬥⬥⬥⬥⬥⬥⬥⬥⬥⬥⬥⬥⬥⬥⬥⬥

🏠Nom :

🌐L'adresse du site :

👤Nom d'utilisateur :

🔒Mot de passe :

💬Remarques :

⬥⬥⬥⬥⬥⬥⬥⬥⬥⬥⬥⬥⬥⬥⬥⬥⬥⬥⬥⬥⬥⬥⬥⬥⬥⬥⬥⬥⬥⬥⬥⬥

🏠Nom :

🌐L'adresse du site :

👤Nom d'utilisateur :

🔒Mot de passe :

💬Remarques :

🏠Nom :

....

🌐L'adresse du site :

....

👤Nom d'utilisateur :

....

🔒 Mot de passe :

....

💬Remarques :

....

....

—◆◀◀•●•●————————⇉)(⇇—————————•●•▶▶◆—

🏠Nom :

....

🌐L'adresse du site :

....

👤Nom d'utilisateur :

....

🔒 Mot de passe :

....

💬Remarques :

....

....

—◆◀◀•●•●————————⇉)(⇇—————————•●•▶▶◆—

🏠Nom :

....

🌐L'adresse du site :

....

👤Nom d'utilisateur :

....

🔒 Mot de passe :

....

💬Remarques :

....

....

🏠Nom :

....

🌐L'adresse du site :

....

👤 Nom d'utilisateur :

....

🔒 Mot de passe :

....

💬Remarques :

....

....

━━━◆◀◀•●━━━━━━━━━━━⇶✕⇇━━━━━━━━━●•▶▶◆━━━

🏠Nom :

....

🌐L'adresse du site :

....

👤 Nom d'utilisateur :

....

🔒 Mot de passe :

....

💬Remarques :

....

....

━━━◆◀◀•●━━━━━━━━━━━⇶✕⇇━━━━━━━━━●•▶▶◆━━━

🏠Nom :

....

🌐L'adresse du site :

....

👤 Nom d'utilisateur :

....

🔒 Mot de passe :

....

💬Remarques :

....

....

🏠Nom :

....

🌐L'adresse du site :

....

👤 Nom d'utilisateur :

....

🔒 Mot de passe :

....

💬Remarques :

....

....

◆◀◀•••━━━━━━━━━━━━━━━━━━━►►)(◄◄━━━━━━━━━━━━━━━•••►►◆

🏠Nom :

....

🌐L'adresse du site :

....

👤 Nom d'utilisateur :

....

🔒 Mot de passe :

....

💬Remarques :

....

....

◆◀◀•••━━━━━━━━━━━━━━━━━━━►►)(◄◄━━━━━━━━━━━━━━━•••►►◆

🏠Nom :

....

🌐L'adresse du site :

....

👤 Nom d'utilisateur :

....

🔒 Mot de passe :

....

💬Remarques :

....

....

🏠Nom :

🌐L'adresse du site :

👤Nom d'utilisateur :

🔒Mot de passe :

💬Remarques :

....

⬥━━━━━━━━━━━━━━━━━━━━━━⟫✕⟪━━━━━━━━━━━━━━⬥

🏠Nom :

🌐L'adresse du site :

👤Nom d'utilisateur :

🔒Mot de passe :

💬Remarques :

....

⬥━━━━━━━━━━━━━━━━━━━━━━⟫✕⟪━━━━━━━━━━━━━━⬥

🏠Nom :

🌐L'adresse du site :

👤Nom d'utilisateur :

🔒Mot de passe :

💬Remarques :

....

🏠Nom :

🌐L'adresse du site :

👤Nom d'utilisateur :

🔒Mot de passe :

💬Remarques :

🏠Nom :

🌐L'adresse du site :

👤Nom d'utilisateur :

🔒Mot de passe :

💬Remarques :

🏠Nom :

🌐L'adresse du site :

👤Nom d'utilisateur :

🔒Mot de passe :

💬Remarques :

🏠Nom :

....

🌐L'adresse du site :

....

👤Nom d'utilisateur :

....

🔒Mot de passe :

....

💬Remarques :

....

....

━━◄◄◄●●●━━━━━━━━━━━━━━►)(◄◄━━━━━━━━━●●●►►►━━

🏠Nom :

....

🌐L'adresse du site :

....

👤Nom d'utilisateur :

....

🔒Mot de passe :

....

💬Remarques :

....

....

━━◄◄◄●●●━━━━━━━━━━━━━━►)(◄◄━━━━━━━━━●●●►►►━━

🏠Nom :

....

🌐L'adresse du site :

....

👤Nom d'utilisateur :

....

🔒Mot de passe :

....

💬Remarques :

....

....

🏠Nom :

🌐L'adresse du site :

👤 Nom d'utilisateur :

🔒 Mot de passe :

💬Remarques :

⬥⟨⟨•●• ⟶⟩〇⟨⟵ •●•⟩⟩⬥

🏠Nom :

🌐L'adresse du site :

👤 Nom d'utilisateur :

🔒 Mot de passe :

💬Remarques :

⬥⟨⟨•●• ⟶⟩〇⟨⟵ •●•⟩⟩⬥

🏠Nom :

🌐L'adresse du site :

👤 Nom d'utilisateur :

🔒 Mot de passe :

💬Remarques :

🏠Nom :

🌐L'adresse du site :

👤 Nom d'utilisateur :

🔒 Mot de passe :

💬Remarques :

────────────────────────

🏠Nom :

🌐L'adresse du site :

👤 Nom d'utilisateur :

🔒 Mot de passe :

💬Remarques :

────────────────────────

🏠Nom :

🌐L'adresse du site :

👤 Nom d'utilisateur :

🔒 Mot de passe :

💬Remarques :

🏠Nom :

🌐L'adresse du site :

👤 Nom d'utilisateur :

🔒 Mot de passe :

💬Remarques :

🏠Nom :

🌐L'adresse du site :

👤 Nom d'utilisateur :

🔒 Mot de passe :

💬Remarques :

🏠Nom :

🌐L'adresse du site :

👤 Nom d'utilisateur :

🔒 Mot de passe :

💬Remarques :

🏠Nom :

🌐L'adresse du site :

👤 Nom d'utilisateur :

🔒 Mot de passe :

💬Remarques :

🏠Nom :

🌐L'adresse du site :

👤 Nom d'utilisateur :

🔒 Mot de passe :

💬Remarques :

🏠Nom :

🌐L'adresse du site :

👤 Nom d'utilisateur :

🔒 Mot de passe :

💬Remarques :

⌂ Nom :
....

🌐 L'adresse du site :
....

👤 Nom d'utilisateur :
....

🔒 Mot de passe :
....

💬 Remarques :
....

....

◆◀◄◄••●●━━━━━━━━━━━⇉⟩〇⟨⇇━━━━━━━━━●•●••►►▶◆

⌂ Nom :
....

🌐 L'adresse du site :
....

👤 Nom d'utilisateur :
....

🔒 Mot de passe :
....

💬 Remarques :
....

....

◆◀◄◄••●●━━━━━━━━━━━⇉⟩〇⟨⇇━━━━━━━━━●•●••►►▶◆

⌂ Nom :
....

🌐 L'adresse du site :
....

👤 Nom d'utilisateur :
....

🔒 Mot de passe :
....

💬 Remarques :
....

....

🏠Nom :
....

🌐L'adresse du site :
....

👤Nom d'utilisateur :
....

🔒Mot de passe :
....

💬Remarques :
....

....

◆─◀◀•●•━━━━━━━━━━━⇉⭕⭇━━━━━━━━━━•●•▶▶─◆

🏠Nom :
....

🌐L'adresse du site :
....

👤Nom d'utilisateur :
....

🔒Mot de passe :
....

💬Remarques :
....

....

◆─◀◀•●•━━━━━━━━━━━⇉⭕⭇━━━━━━━━━━•●•▶▶─◆

🏠Nom :
....

🌐L'adresse du site :
....

👤Nom d'utilisateur :
....

🔒Mot de passe :
....

💬Remarques :
....

....

🏠Nom :

....

🌐L'adresse du site :

....

👤 Nom d'utilisateur :

....

🔒 Mot de passe :

....

💬Remarques :

....

....

🏠Nom :

....

🌐L'adresse du site :

....

👤 Nom d'utilisateur :

....

🔒 Mot de passe :

....

💬Remarques :

....

....

🏠Nom :

....

🌐L'adresse du site :

....

👤 Nom d'utilisateur :

....

🔒 Mot de passe :

....

💬Remarques :

....

....

🏠Nom :

🌐L'adresse du site :

👤 Nom d'utilisateur :

🔒 Mot de passe :

💬Remarques :

🏠Nom :

🌐L'adresse du site :

👤 Nom d'utilisateur :

🔒 Mot de passe :

💬Remarques :

🏠Nom :

🌐L'adresse du site :

👤 Nom d'utilisateur :

🔒 Mot de passe :

💬Remarques :

🏠Nom :
....

🌐L'adresse du site :
....

👤Nom d'utilisateur :
....

🔒Mot de passe :
....

💬Remarques :
....

....

◆⫷•••————————⫸◯⫸————————•••⫸◆

🏠Nom :
....

🌐L'adresse du site :
....

👤Nom d'utilisateur :
....

🔒Mot de passe :
....

💬Remarques :
....

....

◆⫷•••————————⫸◯⫸————————•••⫸◆

🏠Nom :
....

🌐L'adresse du site :
....

👤Nom d'utilisateur :
....

🔒Mot de passe :
....

💬Remarques :
....

....

🏠Nom :
....

🌐L'adresse du site :
....

👤 Nom d'utilisateur :
....

🔒 Mot de passe :
....

💬Remarques :
....

....

━━━◆◀◀•••━━━━━━━━━━━━━━━→→〇←←━━━━━━━━━━•••◆━━━

🏠Nom :
....

🌐L'adresse du site :
....

👤 Nom d'utilisateur :
....

🔒 Mot de passe :
....

💬Remarques :
....

....

━━━◆◀◀•••━━━━━━━━━━━━━━━→→〇←←━━━━━━━━━━•••◆━━━

🏠Nom :
....

🌐L'adresse du site :
....

👤 Nom d'utilisateur :
....

🔒 Mot de passe :
....

💬Remarques :
....

....

🏠 Nom :

....

🌐 L'adresse du site :

....

👤 Nom d'utilisateur :

....

🔒 Mot de passe :

....

💬 Remarques :

....

....

🏠 Nom :

....

🌐 L'adresse du site :

....

👤 Nom d'utilisateur :

....

🔒 Mot de passe :

....

💬 Remarques :

....

....

🏠 Nom :

....

🌐 L'adresse du site :

....

👤 Nom d'utilisateur :

....

🔒 Mot de passe :

....

💬 Remarques :

....

....

Nom :
....

L'adresse du site :
....

Nom d'utilisateur :
....

Mot de passe :
....

Remarques :
....
....

Nom :
....

L'adresse du site :
....

Nom d'utilisateur :
....

Mot de passe :
....

Remarques :
....
....

Nom :
....

L'adresse du site :
....

Nom d'utilisateur :
....

Mot de passe :
....

Remarques :
....
....

🏠Nom :
....
🌐L'adresse du site :
....
👤Nom d'utilisateur :
....
🔒Mot de passe :
....
💬Remarques :
....

◆◄◄•••————————►►〇◄◄————————•••►►◆

🏠Nom :
....
🌐L'adresse du site :
....
👤Nom d'utilisateur :
....
🔒Mot de passe :
....
💬Remarques :
....

◆◄◄•••————————►►〇◄◄————————•••►►◆

🏠Nom :
....
🌐L'adresse du site :
....
👤Nom d'utilisateur :
....
🔒Mot de passe :
....
💬Remarques :
....
....

🏠Nom :

🌐L'adresse du site :

👤 Nom d'utilisateur :

🔒 Mot de passe :

💬Remarques :

🏠Nom :

🌐L'adresse du site :

👤 Nom d'utilisateur :

🔒 Mot de passe :

💬Remarques :

🏠Nom :

🌐L'adresse du site :

👤 Nom d'utilisateur :

🔒 Mot de passe :

💬Remarques :

🏠Nom :

....

🌐L'adresse du site :

....

👤Nom d'utilisateur :

....

🔒Mot de passe :

....

💬Remarques :

....

....

🏠Nom :

....

🌐L'adresse du site :

....

👤Nom d'utilisateur :

....

🔒Mot de passe :

....

💬Remarques :

....

....

🏠Nom :

....

🌐L'adresse du site :

....

👤Nom d'utilisateur :

....

🔒Mot de passe :

....

💬Remarques :

....

....

🏠Nom :

⊕L'adresse du site :

👤Nom d'utilisateur :

🔒Mot de passe :

💬Remarques :

🏠Nom :

⊕L'adresse du site :

👤Nom d'utilisateur :

🔒Mot de passe :

💬Remarques :

🏠Nom :

⊕L'adresse du site :

👤Nom d'utilisateur :

🔒Mot de passe :

💬Remarques :

Nom :

....

L'adresse du site :

....

Nom d'utilisateur :

....

Mot de passe :

....

Remarques :

....

....

Nom :

....

L'adresse du site :

....

Nom d'utilisateur :

....

Mot de passe :

....

Remarques :

....

....

Nom :

....

L'adresse du site :

....

Nom d'utilisateur :

....

Mot de passe :

....

Remarques :

....

....

🏠Nom :

🌐L'adresse du site :

👤 Nom d'utilisateur :

🔒 Mot de passe :

💬Remarques :

🏠Nom :

🌐L'adresse du site :

👤 Nom d'utilisateur :

🔒 Mot de passe :

💬Remarques :

🏠Nom :

🌐L'adresse du site :

👤 Nom d'utilisateur :

🔒 Mot de passe :

💬Remarques :

🏠 Nom :

....

🌐 L'adresse du site :

....

👤 Nom d'utilisateur :

....

🔒 Mot de passe :

....

💬 Remarques :

....

....

◄◄◄•••————————————⇶〇⇇————————————•••►►►

🏠 Nom :

....

🌐 L'adresse du site :

....

👤 Nom d'utilisateur :

....

🔒 Mot de passe :

....

💬 Remarques :

....

....

◄◄◄•••————————————⇶〇⇇————————————•••►►►

🏠 Nom :

....

🌐 L'adresse du site :

....

👤 Nom d'utilisateur :

....

🔒 Mot de passe :

....

💬 Remarques :

....

....

🏠Nom :

....

🌐L'adresse du site :

....

👤 Nom d'utilisateur :

....

🔒 Mot de passe :

....

💬Remarques :

....

....

◆◀━━●━●━━━━━━━━━━━━━━━⟫)((⟪━━━━━━━●━●━▶◆

🏠Nom :

....

🌐L'adresse du site :

....

👤 Nom d'utilisateur :

....

🔒 Mot de passe :

....

💬Remarques :

....

....

◆◀━━●━●━━━━━━━━━━━━━━━⟫)((⟪━━━━━━━●━●━▶◆

🏠Nom :

....

🌐L'adresse du site :

....

👤 Nom d'utilisateur :

....

🔒 Mot de passe :

....

💬Remarques :

....

....

🏠Nom :

....

🌐L'adresse du site :

....

👤Nom d'utilisateur :

....

🔒Mot de passe :

....

💬Remarques :

....

....

──◆◄◄•••────────≫◯≪────────•••►►◆──

🏠Nom :

....

🌐L'adresse du site :

....

👤Nom d'utilisateur :

....

🔒Mot de passe :

....

💬Remarques :

....

....

──◆◄◄•••────────≫◯≪────────•••►►◆──

🏠Nom :

....

🌐L'adresse du site :

....

👤Nom d'utilisateur :

....

🔒Mot de passe :

....

💬Remarques :

....

....

🏠Nom :

🌐L'adresse du site :

👤 Nom d'utilisateur :

🔒 Mot de passe :

💬Remarques :

🏠Nom :

🌐L'adresse du site :

👤 Nom d'utilisateur :

🔒 Mot de passe :

💬Remarques :

🏠Nom :

🌐L'adresse du site :

👤 Nom d'utilisateur :

🔒 Mot de passe :

💬Remarques :

🏠Nom :

🌐L'adresse du site :

👤Nom d'utilisateur :

🔒Mot de passe :

💬Remarques :

🏠Nom :

🌐L'adresse du site :

👤Nom d'utilisateur :

🔒Mot de passe :

💬Remarques :

🏠Nom :

🌐L'adresse du site :

👤Nom d'utilisateur :

🔒Mot de passe :

💬Remarques :

🏠Nom :

🌐L'adresse du site :

👤Nom d'utilisateur :

🔒Mot de passe :

💬Remarques :

🏠Nom :

🌐L'adresse du site :

👤Nom d'utilisateur :

🔒Mot de passe :

💬Remarques :

🏠Nom :

🌐L'adresse du site :

👤Nom d'utilisateur :

🔒Mot de passe :

💬Remarques :

🏠Nom :

🌐L'adresse du site :

👤Nom d'utilisateur :

🔒Mot de passe :

💬Remarques :

--------------------------------◆◆〇◆◆--------------------------------

🏠Nom :

🌐L'adresse du site :

👤Nom d'utilisateur :

🔒Mot de passe :

💬Remarques :

--------------------------------◆◆〇◆◆--------------------------------

🏠Nom :

🌐L'adresse du site :

👤Nom d'utilisateur :

🔒Mot de passe :

💬Remarques :

🏠Nom :

🌐L'adresse du site :

👤Nom d'utilisateur :

🔒Mot de passe :

💬Remarques :

🏠Nom :

🌐L'adresse du site :

👤Nom d'utilisateur :

🔒Mot de passe :

💬Remarques :

🏠Nom :

🌐L'adresse du site :

👤Nom d'utilisateur :

🔒Mot de passe :

💬Remarques :

🏠Nom :

🌐L'adresse du site :

👤Nom d'utilisateur :

🔒Mot de passe :

💬Remarques :

⬦⟨⟩⟨⟩⬦

🏠Nom :

🌐L'adresse du site :

👤Nom d'utilisateur :

🔒Mot de passe :

💬Remarques :

⬦⟨⟩⟨⟩⬦

🏠Nom :

🌐L'adresse du site :

👤Nom d'utilisateur :

🔒Mot de passe :

💬Remarques :

🏠Nom :

....

🌐L'adresse du site :

....

👤Nom d'utilisateur :

....

🔒Mot de passe :

....

💬Remarques :

....

....

━━━◄┼┼•━•━━━━━━━━»(̶)«━━━━━━━━•━•►━━━

🏠Nom :

....

🌐L'adresse du site :

....

👤Nom d'utilisateur :

....

🔒Mot de passe :

....

💬Remarques :

....

....

━━━◄┼┼•━•━━━━━━━━»(̶)«━━━━━━━━•━•►━━━

🏠Nom :

....

🌐L'adresse du site :

....

👤Nom d'utilisateur :

....

🔒Mot de passe :

....

💬Remarques :

....

....

🏠Nom :

....

🌐L'adresse du site :

....

👤Nom d'utilisateur :

....

🔒Mot de passe :

....

💬Remarques :

....

....

──

🏠Nom :

....

🌐L'adresse du site :

....

👤Nom d'utilisateur :

....

🔒Mot de passe :

....

💬Remarques :

....

....

──

🏠Nom :

....

🌐L'adresse du site :

....

👤Nom d'utilisateur :

....

🔒Mot de passe :

....

💬Remarques :

....

....

🏠Nom :
....

🌐L'adresse du site :
....

👤Nom d'utilisateur :
....

🔒Mot de passe :
....

💬Remarques :
....

....

━━━━◆⫷•••••⫸━━━━━━━━━⫸〇⫷━━━━━━━━━•••⫸◆━━━━

🏠Nom :
....

🌐L'adresse du site :
....

👤Nom d'utilisateur :
....

🔒Mot de passe :
....

💬Remarques :
....

....

━━━━◆⫷•••••⫸━━━━━━━━━⫸〇⫷━━━━━━━━━•••⫸◆━━━━

🏠Nom :
....

🌐L'adresse du site :
....

👤Nom d'utilisateur :
....

🔒Mot de passe :
....

💬Remarques :
....

....

🏠 Nom :
....

🌐 L'adresse du site :
....

👤 Nom d'utilisateur :
....

🔒 Mot de passe :
....

💬 Remarques :
....

....

◆◀◀•••━━━━━━━━━━━━━━━━━━━━⟫⟩◯⟨⟪━━━━━━━━━━━━━━━━━━━━•••▶▶◆

🏠 Nom :
....

🌐 L'adresse du site :
....

👤 Nom d'utilisateur :
....

🔒 Mot de passe :
....

💬 Remarques :
....

....

◆◀◀•••━━━━━━━━━━━━━━━━━━━━⟫⟩◯⟨⟪━━━━━━━━━━━━━━━━━━━━•••▶▶◆

🏠 Nom :
....

🌐 L'adresse du site :
....

👤 Nom d'utilisateur :
....

🔒 Mot de passe :
....

💬 Remarques :
....

....

🏠Nom :

🌐L'adresse du site :

👤 Nom d'utilisateur :

🔒 Mot de passe :

💬Remarques :

🏠Nom :

🌐L'adresse du site :

👤 Nom d'utilisateur :

🔒 Mot de passe :

💬Remarques :

🏠Nom :

🌐L'adresse du site :

👤Nom d'utilisateur :

🔒 Mot de passe :

💬Remarques :

🏠 Nom :

🌐 L'adresse du site :

👤 Nom d'utilisateur :

🔒 Mot de passe :

💬 Remarques :

🏠 Nom :

🌐 L'adresse du site :

👤 Nom d'utilisateur :

🔒 Mot de passe :

💬 Remarques :

🏠 Nom :

🌐 L'adresse du site :

👤 Nom d'utilisateur :

🔒 Mot de passe :

💬 Remarques :

🏠Nom :

....

🌐L'adresse du site :

....

👤 Nom d'utilisateur :

....

🔒 Mot de passe :

....

💬Remarques :

....

....

◄━━━━━━━━━━━━━━━━━━►⟩○⟨━━━━━━━━━━━━━━►

🏠Nom :

....

🌐L'adresse du site :

....

👤 Nom d'utilisateur :

....

🔒 Mot de passe :

....

💬Remarques :

....

....

◄━━━━━━━━━━━━━━━━━━►⟩○⟨━━━━━━━━━━━━━━►

🏠Nom :

....

🌐L'adresse du site :

....

👤 Nom d'utilisateur :

....

🔒 Mot de passe :

....

💬Remarques :

....

....

🏠Nom :

....

🌐L'adresse du site :

....

👤Nom d'utilisateur :

....

🔒Mot de passe :

....

💬Remarques :

....

....

◄━━●●━━━━━━━━━━━━━━━━━━━━━━━━━━━●●━━►

🏠Nom :

....

🌐L'adresse du site :

....

👤Nom d'utilisateur :

....

🔒Mot de passe :

....

💬Remarques :

....

....

◄━━●●━━━━━━━━━━━━━━━━━━━━━━━━━━━●●━━►

🏠Nom :

....

🌐L'adresse du site :

....

👤Nom d'utilisateur :

....

🔒Mot de passe :

....

💬Remarques :

....

....

Nom :
....

L'adresse du site :
....

Nom d'utilisateur :
....

Mot de passe :
....

Remarques :
....

....

Nom :
....

L'adresse du site :
....

Nom d'utilisateur :
....

Mot de passe :
....

Remarques :
....

....

Nom :
....

L'adresse du site :
....

Nom d'utilisateur :
....

Mot de passe :
....

Remarques :
....

....

🏠Nom :

....

🌐L'adresse du site :

....

👤Nom d'utilisateur :

....

🔒Mot de passe :

....

💬Remarques :

....

....

🏠Nom :

....

🌐L'adresse du site :

....

👤Nom d'utilisateur :

....

🔒Mot de passe :

....

💬Remarques :

....

....

🏠Nom :

....

🌐L'adresse du site :

....

👤Nom d'utilisateur :

....

🔒Mot de passe :

....

💬Remarques :

....

....

🏠Nom :

....

🌐L'adresse du site :

....

👤 Nom d'utilisateur :

....

🔒 Mot de passe :

....

💬Remarques :

....

....

◄──◄◄••───────►►⟩○⟨◄◄───────••►►──►

🏠Nom :

....

🌐L'adresse du site :

....

👤 Nom d'utilisateur :

....

🔒 Mot de passe :

....

💬Remarques :

....

....

◄──◄◄••───────►►⟩○⟨◄◄───────••►►──►

🏠Nom :

....

🌐L'adresse du site :

....

👤 Nom d'utilisateur :

....

🔒 Mot de passe :

....

💬Remarques :

....

....

🏠Nom :

....

🌐L'adresse du site :

....

👤Nom d'utilisateur :

....

🔒Mot de passe :

....

💬Remarques :

....

....

⬦◀◀••—————————⟫⟩○⟨⟨—————————••▶▶⬦

🏠Nom :

....

🌐L'adresse du site :

....

👤Nom d'utilisateur :

....

🔒Mot de passe :

....

💬Remarques :

....

....

⬦◀◀••—————————⟫⟩○⟨⟨—————————••▶▶⬦

🏠Nom :

....

🌐L'adresse du site :

....

👤Nom d'utilisateur :

....

🔒Mot de passe :

....

💬Remarques :

....

....

🏠Nom :

🌐L'adresse du site :

👤Nom d'utilisateur :

🔒Mot de passe :

💬Remarques :

―――――――――――――――――――――――

🏠Nom :

🌐L'adresse du site :

👤Nom d'utilisateur :

🔒Mot de passe :

💬Remarques :

―――――――――――――――――――――――

🏠Nom :

🌐L'adresse du site :

👤Nom d'utilisateur :

🔒Mot de passe :

💬Remarques :

🏠Nom :

....

🌐L'adresse du site :

....

👤Nom d'utilisateur :

....

🔒Mot de passe :

....

💬Remarques :

....

....

━━━━━━━━━━━━━━━━━━━━━━━━━━━━━━━━

🏠Nom :

....

🌐L'adresse du site :

....

👤Nom d'utilisateur :

....

🔒Mot de passe :

....

💬Remarques :

....

....

━━━━━━━━━━━━━━━━━━━━━━━━━━━━━━━━

🏠Nom :

....

🌐L'adresse du site :

....

👤Nom d'utilisateur :

....

🔒Mot de passe :

....

💬Remarques :

....

....

🏠Nom :

🌐L'adresse du site :

👤Nom d'utilisateur :

🔒Mot de passe :

💬Remarques :

🏠Nom :

🌐L'adresse du site :

👤Nom d'utilisateur :

🔒Mot de passe :

💬Remarques :

🏠Nom :

🌐L'adresse du site :

👤Nom d'utilisateur :

🔒Mot de passe :

💬Remarques :

🏠Nom :

....

🌐L'adresse du site :

....

👤 Nom d'utilisateur :

....

🔒 Mot de passe :

....

💬Remarques :

....

....

———————————————————————

🏠Nom :

....

🌐L'adresse du site :

....

👤 Nom d'utilisateur :

....

🔒 Mot de passe :

....

💬Remarques :

....

....

———————————————————————

🏠Nom :

....

🌐L'adresse du site :

....

👤 Nom d'utilisateur :

....

🔒 Mot de passe :

....

💬Remarques :

....

....

🏠Nom :

🌐L'adresse du site :

👤 Nom d'utilisateur :

🔒 Mot de passe :

💬Remarques :

🏠Nom :

🌐L'adresse du site :

👤 Nom d'utilisateur :

🔒 Mot de passe :

💬Remarques :

🏠Nom :

🌐L'adresse du site :

👤 Nom d'utilisateur :

🔒 Mot de passe :

💬Remarques :

🏠 Nom :

....

🌐 L'adresse du site :

....

👤 Nom d'utilisateur :

....

🔒 Mot de passe :

....

💬 Remarques :

....

....

◆━━━━━━━━━━━━━━━━━━━━━━━━━━━━━━━◆

🏠 Nom :

....

🌐 L'adresse du site :

....

👤 Nom d'utilisateur :

....

🔒 Mot de passe :

....

💬 Remarques :

....

....

◆━━━━━━━━━━━━━━━━━━━━━━━━━━━━━━━◆

🏠 Nom :

....

🌐 L'adresse du site :

....

👤 Nom d'utilisateur :

....

🔒 Mot de passe :

....

💬 Remarques :

....

....

🏠 Nom :

🌐 L'adresse du site :

👤 Nom d'utilisateur :

🔒 Mot de passe :

💬 Remarques :

🏠 Nom :

🌐 L'adresse du site :

👤 Nom d'utilisateur :

🔒 Mot de passe :

💬 Remarques :

🏠 Nom :

🌐 L'adresse du site :

👤 Nom d'utilisateur :

🔒 Mot de passe :

💬 Remarques :

🏠Nom :

....

🌐L'adresse du site :

....

👤Nom d'utilisateur :

....

🔒Mot de passe :

....

💬Remarques :

....

....

🏠Nom :

....

🌐L'adresse du site :

....

👤Nom d'utilisateur :

....

🔒Mot de passe :

....

💬Remarques :

....

....

🏠Nom :

....

🌐L'adresse du site :

....

👤Nom d'utilisateur :

....

🔒Mot de passe :

....

💬Remarques :

....

....

🏠Nom :
....

🌐L'adresse du site :
....

👤 Nom d'utilisateur :
....

🔒 Mot de passe :
....

💬Remarques :
....

....

———————————————————————————————

🏠Nom :
....

🌐L'adresse du site :
....

👤 Nom d'utilisateur :
....

🔒 Mot de passe :
....

💬Remarques :
....

....

———————————————————————————————

🏠Nom :
....

🌐L'adresse du site :
....

👤 Nom d'utilisateur :
....

🔒 Mot de passe :
....

💬Remarques :
....

....

🏠Nom :
....

🌐L'adresse du site :
....

👤Nom d'utilisateur :
....

🔒Mot de passe :
....

💬Remarques :
....

....

◆◀◀◀•••━━━━━━━━━━⇢)(⇠━━━━━━━━━━•••▶▶▶◆

🏠Nom :
....

🌐L'adresse du site :
....

👤Nom d'utilisateur :
....

🔒Mot de passe :
....

💬Remarques :
....

....

◆◀◀◀•••━━━━━━━━━━⇢)(⇠━━━━━━━━━━•••▶▶▶◆

🏠Nom :
....

🌐L'adresse du site :
....

👤Nom d'utilisateur :
....

🔒Mot de passe :
....

💬Remarques :
....

....

🏠Nom :

🌐L'adresse du site :

👤 Nom d'utilisateur :

🔒 Mot de passe :

💬Remarques :

───────────────◆─────────────

🏠Nom :

🌐L'adresse du site :

👤 Nom d'utilisateur :

🔒 Mot de passe :

💬Remarques :

───────────────◆─────────────

🏠Nom :

🌐L'adresse du site :

👤 Nom d'utilisateur :

🔒 Mot de passe :

💬Remarques :

🏠Nom :

....

🌐L'adresse du site :

....

👤Nom d'utilisateur :

....

🔒Mot de passe :

....

💬Remarques :

....

....

🏠Nom :

....

🌐L'adresse du site :

....

👤Nom d'utilisateur :

....

🔒Mot de passe :

....

💬Remarques :

....

....

🏠Nom :

....

🌐L'adresse du site :

....

👤Nom d'utilisateur :

....

🔒Mot de passe :

....

💬Remarques :

....

....

🏠Nom :

🌐L'adresse du site :

👤Nom d'utilisateur :

🔒Mot de passe :

💬Remarques :

━━━━━━━━━━━━━━━━━━━━━━━━━━━━━━━

🏠Nom :

🌐L'adresse du site :

👤Nom d'utilisateur :

🔒Mot de passe :

💬Remarques :

━━━━━━━━━━━━━━━━━━━━━━━━━━━━━━━

🏠Nom :

🌐L'adresse du site :

👤Nom d'utilisateur :

🔒Mot de passe :

💬Remarques :

🏠Nom :

....

🌐L'adresse du site :

....

👤Nom d'utilisateur :

....

🔒Mot de passe :

....

💬Remarques :

....

....

━━━━◆◄◄••━━━━━━━━━━━━━━━━➤➤◯◄◄━━━━━━━━━━━━━━━••►►◆━━━━

🏠Nom :

....

🌐L'adresse du site :

....

👤Nom d'utilisateur :

....

🔒Mot de passe :

....

💬Remarques :

....

....

━━━━◆◄◄••━━━━━━━━━━━━━━━━➤➤◯◄◄━━━━━━━━━━━━━━━••►►◆━━━━

🏠Nom :

....

🌐L'adresse du site :

....

👤Nom d'utilisateur :

....

🔒Mot de passe :

....

💬Remarques :

....

....

🏠Nom :

🌐L'adresse du site :

👤 Nom d'utilisateur :

🔒 Mot de passe :

💬Remarques :

🏠Nom :

🌐L'adresse du site :

👤 Nom d'utilisateur :

🔒 Mot de passe :

💬Remarques :

🏠Nom :

🌐L'adresse du site :

👤 Nom d'utilisateur :

🔒 Mot de passe :

💬Remarques :

🏠 Nom :

....

🌐 L'adresse du site :

....

👤 Nom d'utilisateur :

....

🔒 Mot de passe :

....

💬 Remarques :

....

....

🏠 Nom :

....

🌐 L'adresse du site :

....

👤 Nom d'utilisateur :

....

🔒 Mot de passe :

....

💬 Remarques :

....

....

🏠 Nom :

....

🌐 L'adresse du site :

....

👤 Nom d'utilisateur :

....

🔒 Mot de passe :

....

💬 Remarques :

....

....

🏠Nom :

....

🌐L'adresse du site :

....

👤 Nom d'utilisateur :

....

🔒 Mot de passe :

....

💬Remarques :

....

....

──────────────◆◆◀◀•●•─────────⤜⭕⤛─────────•●•▶▶◆◆──────────────

🏠Nom :

....

🌐L'adresse du site :

....

👤 Nom d'utilisateur :

....

🔒 Mot de passe :

....

💬Remarques :

....

....

──────────────◆◆◀◀•●•─────────⤜⭕⤛─────────•●•▶▶◆◆──────────────

🏠Nom :

....

🌐L'adresse du site :

....

👤 Nom d'utilisateur :

....

🔒 Mot de passe :

....

💬Remarques :

....

....

🏠 Nom :

....

🌐 L'adresse du site :

....

👤 Nom d'utilisateur :

....

🔒 Mot de passe :

....

💬 Remarques :

....

....

―――

🏠 Nom :

....

🌐 L'adresse du site :

....

👤 Nom d'utilisateur :

....

🔒 Mot de passe :

....

💬 Remarques :

....

....

―――

🏠 Nom :

....

🌐 L'adresse du site :

....

👤 Nom d'utilisateur :

....

🔒 Mot de passe :

....

💬 Remarques :

....

....

🏠Nom :

🌐L'adresse du site :

👤Nom d'utilisateur :

🔒Mot de passe :

💬Remarques :

🏠Nom :

🌐L'adresse du site :

👤Nom d'utilisateur :

🔒Mot de passe :

💬Remarques :

🏠Nom :

🌐L'adresse du site :

👤Nom d'utilisateur :

🔒Mot de passe :

💬Remarques :

🏠 Nom :

....

🌐 L'adresse du site :

....

👤 Nom d'utilisateur :

....

🔒 Mot de passe :

....

💬 Remarques :

....

....

━━━━◆◄◄•●• ━━━━━━━ ➤➤)(◄◄ ━━━━━━━ •●•►►◆━━━━

🏠 Nom :

....

🌐 L'adresse du site :

....

👤 Nom d'utilisateur :

....

🔒 Mot de passe :

....

💬 Remarques :

....

....

━━━━◆◄◄•●• ━━━━━━━ ➤➤)(◄◄ ━━━━━━━ •●•►►◆━━━━

🏠 Nom :

....

🌐 L'adresse du site :

....

👤 Nom d'utilisateur :

....

🔒 Mot de passe :

....

💬 Remarques :

....

....

🏠Nom :
....

🌐L'adresse du site :
....

👤Nom d'utilisateur :
....

🔒Mot de passe :
....

💬Remarques :
....
....

━━━━◄←━━━━━━━━━━━━━━━━━━━━►)(◄━━━━━━━━━━━━━━━━━━━━━►

🏠Nom :
....

🌐L'adresse du site :
....

👤Nom d'utilisateur :
....

🔒Mot de passe :
....

💬Remarques :
....
....

━━━━◄←━━━━━━━━━━━━━━━━━━━━►)(◄━━━━━━━━━━━━━━━━━━━━━►

🏠Nom :
....

🌐L'adresse du site :
....

👤Nom d'utilisateur :
....

🔒Mot de passe :
....

💬Remarques :
....
....

🏠Nom :

....

🌐L'adresse du site :

....

👤Nom d'utilisateur :

....

🔒Mot de passe :

....

💬Remarques :

....

....

◆◀◀•●•————————→→◯←←————————•●•▶▶◆

🏠Nom :

....

🌐L'adresse du site :

....

👤Nom d'utilisateur :

....

🔒Mot de passe :

....

💬Remarques :

....

....

◆◀◀•●•————————→→◯←←————————•●•▶▶◆

🏠Nom :

....

🌐L'adresse du site :

....

👤Nom d'utilisateur :

....

🔒Mot de passe :

....

💬Remarques :

....

....

🏠Nom :

🌐L'adresse du site :

👤Nom d'utilisateur :

🔒Mot de passe :

💬Remarques :

━━━━━━━━━━━━━━━━━◆❈◆━━━━━━━━━━━━━━━━━

🏠Nom :

🌐L'adresse du site :

👤Nom d'utilisateur :

🔒Mot de passe :

💬Remarques :

━━━━━━━━━━━━━━━━━◆❈◆━━━━━━━━━━━━━━━━━

🏠Nom :

🌐L'adresse du site :

👤Nom d'utilisateur :

🔒Mot de passe :

💬Remarques :

Nom :

....

L'adresse du site :

....

Nom d'utilisateur :

....

Mot de passe :

....

Remarques :

....

....

Nom :

....

L'adresse du site :

....

Nom d'utilisateur :

....

Mot de passe :

....

Remarques :

....

....

Nom :

....

L'adresse du site :

....

Nom d'utilisateur :

....

Mot de passe :

....

Remarques :

....

....

🏠Nom :

🌐L'adresse du site :

👤 Nom d'utilisateur :

🔒 Mot de passe :

💬Remarques :

🏠Nom :

🌐L'adresse du site :

👤 Nom d'utilisateur :

🔒 Mot de passe :

💬Remarques :

🏠Nom :

🌐L'adresse du site :

👤 Nom d'utilisateur :

🔒 Mot de passe :

💬Remarques :

🏠Nom :

....

🌐L'adresse du site :

....

👤Nom d'utilisateur :

....

🔒Mot de passe :

....

💬Remarques :

....

....

◆◄◄•●•━━━━━━━━━━━━━━━━━━━━→→)(←←━━━━━━━━━━━━━•●•►►◆

🏠Nom :

....

🌐L'adresse du site :

....

👤Nom d'utilisateur :

....

🔒Mot de passe :

....

💬Remarques :

....

....

◆◄◄•●•━━━━━━━━━━━━━━━━━━━━→→)(←←━━━━━━━━━━━━━•●•►►◆

🏠Nom :

....

🌐L'adresse du site :

....

👤Nom d'utilisateur :

....

🔒Mot de passe :

....

💬Remarques :

....

....

🏠Nom :

🌐L'adresse du site :

👤Nom d'utilisateur :

🔒Mot de passe :

💬Remarques :

🏠Nom :

🌐L'adresse du site :

👤Nom d'utilisateur :

🔒Mot de passe :

💬Remarques :

🏠Nom :

🌐L'adresse du site :

👤Nom d'utilisateur :

🔒Mot de passe :

💬Remarques :

🏠 Nom :

....

🌐 L'adresse du site :

....

👤 Nom d'utilisateur :

....

🔒 Mot de passe :

....

💬 Remarques :

....

....

🏠 Nom :

....

🌐 L'adresse du site :

....

👤 Nom d'utilisateur :

....

🔒 Mot de passe :

....

💬 Remarques :

....

....

🏠 Nom :

....

🌐 L'adresse du site :

....

👤 Nom d'utilisateur :

....

🔒 Mot de passe :

....

💬 Remarques :

....

....

🏠 Nom :
....

🌐 L'adresse du site :
....

👤 Nom d'utilisateur :
....

🔒 Mot de passe :
....

💬 Remarques :
....
....

◄◄◄•••————————————————————►)(◄————————————•••►►►

🏠 Nom :
....

🌐 L'adresse du site :
....

👤 Nom d'utilisateur :
....

🔒 Mot de passe :
....

💬 Remarques :
....
....

◄◄◄•••————————————————————►)(◄————————————•••►►►

🏠 Nom :
....

🌐 L'adresse du site :
....

👤 Nom d'utilisateur :
....

🔒 Mot de passe :
....

💬 Remarques :
....
....

🏠Nom :

....

🌐L'adresse du site :

....

👤Nom d'utilisateur :

....

🔒Mot de passe :

....

💬Remarques :

....

....

◆◀◀◀•●•━━━━━━━━━━━➤➤〇◀◀━━━━━━━━━━━•●•▶▶◆

🏠Nom :

....

🌐L'adresse du site :

....

👤Nom d'utilisateur :

....

🔒Mot de passe :

....

💬Remarques :

....

....

◆◀◀◀•●•━━━━━━━━━━━➤➤〇◀◀━━━━━━━━━━━•●•▶▶◆

🏠Nom :

....

🌐L'adresse du site :

....

👤Nom d'utilisateur :

....

🔒Mot de passe :

....

💬Remarques :

....

....

🏠Nom :
....

🌐L'adresse du site :
....

👤 Nom d'utilisateur :
....

🔒 Mot de passe :
....

💬Remarques :
....

....

◆◀━━•━•━━━━━━━━━━━━━━→→◯←←━━━━━━━━•━•━▶◆

🏠Nom :
....

🌐L'adresse du site :
....

👤 Nom d'utilisateur :
....

🔒 Mot de passe :
....

💬Remarques :
....

....

◆◀━━•━•━━━━━━━━━━━━━━→→◯←←━━━━━━━━•━•━▶◆

🏠Nom :
....

🌐L'adresse du site :
....

👤 Nom d'utilisateur :
....

🔒 Mot de passe :
....

💬Remarques :
....

....

🏠 Nom :

....

🌐 L'adresse du site :

....

👤 Nom d'utilisateur :

....

🔒 Mot de passe :

....

💬 Remarques :

....

....

🏠 Nom :

....

🌐 L'adresse du site :

....

👤 Nom d'utilisateur :

....

🔒 Mot de passe :

....

💬 Remarques :

....

....

🏠 Nom :

....

🌐 L'adresse du site :

....

👤 Nom d'utilisateur :

....

🔒 Mot de passe :

....

💬 Remarques :

....

....

Nom :

....

L'adresse du site :

....

Nom d'utilisateur :

....

Mot de passe :

....

Remarques :

....

....

Nom :

....

L'adresse du site :

....

Nom d'utilisateur :

....

Mot de passe :

....

Remarques :

....

....

Nom :

....

L'adresse du site :

....

Nom d'utilisateur :

....

Mot de passe :

....

Remarques :

....

....

🏠Nom :

....

🌐L'adresse du site :

....

👤 Nom d'utilisateur :

....

🔒 Mot de passe :

....

💬Remarques :

....

....

◆◀◀••━━━━━━━━━⇛◯⇚━━━━━━••◀◀◆

🏠Nom :

....

🌐L'adresse du site :

....

👤 Nom d'utilisateur :

....

🔒 Mot de passe :

....

💬Remarques :

....

....

◆◀◀••━━━━━━━━━⇛◯⇚━━━━━━••◀◀◆

🏠Nom :

....

🌐L'adresse du site :

....

👤 Nom d'utilisateur :

....

🔒 Mot de passe :

....

💬Remarques :

....

....

🏠Nom :

....

🌐L'adresse du site :

....

👤Nom d'utilisateur :

....

🔒Mot de passe :

....

💬Remarques :

....

....

🏠Nom :

....

🌐L'adresse du site :

....

👤Nom d'utilisateur :

....

🔒Mot de passe :

....

💬Remarques :

....

....

🏠Nom :

....

🌐L'adresse du site :

....

👤Nom d'utilisateur :

....

🔒Mot de passe :

....

💬Remarques :

....

....

🏠Nom :
....

🌐L'adresse du site :
....

👤Nom d'utilisateur :
....

🔒Mot de passe :
....

💬Remarques :
....

....

◆◀◀•••————————————»›〇‹«————————•••▶▶◆

🏠Nom :
....

🌐L'adresse du site :
....

👤Nom d'utilisateur :
....

🔒Mot de passe :
....

💬Remarques :
....

....

◆◀◀•••————————————»›〇‹«————————•••▶▶◆

🏠Nom :
....

🌐L'adresse du site :
....

👤Nom d'utilisateur :
....

🔒Mot de passe :
....

💬Remarques :
....

....

🏠Nom :

....

🌐L'adresse du site :

....

👤 Nom d'utilisateur :

....

🔒 Mot de passe :

....

💬Remarques :

....

....

◀━━◀◀━•━•━━━━━━━━➤➤〇〈〈━━━━━━•━•━◀◀━▶

🏠Nom :

....

🌐L'adresse du site :

....

👤 Nom d'utilisateur :

....

🔒 Mot de passe :

....

💬Remarques :

....

....

◀━━◀◀━•━•━━━━━━━━➤➤〇〈〈━━━━━━•━•━◀◀━▶

🏠Nom :

....

🌐L'adresse du site :

....

👤 Nom d'utilisateur :

....

🔒 Mot de passe :

....

💬Remarques :

....

....

🏠Nom :
....

🌐L'adresse du site :
....

👤Nom d'utilisateur :
....

🔒Mot de passe :
....

💬Remarques :
....

....

───────────────◆◆◆●●─────────⇒✕⇐─────────●●◆◆◆───────────────

🏠Nom :
....

🌐L'adresse du site :
....

👤Nom d'utilisateur :
....

🔒Mot de passe :
....

💬Remarques :
....

....

───────────────◆◆◆●●─────────⇒✕⇐─────────●●◆◆◆───────────────

🏠Nom :
....

🌐L'adresse du site :
....

👤Nom d'utilisateur :
....

🔒Mot de passe :
....

💬Remarques :
....

....

🏠Nom :

🌐L'adresse du site :

👤Nom d'utilisateur :

🔒Mot de passe :

💬Remarques :

🏠Nom :

🌐L'adresse du site :

👤Nom d'utilisateur :

🔒Mot de passe :

💬Remarques :

🏠Nom :

🌐L'adresse du site :

👤Nom d'utilisateur :

🔒Mot de passe :

💬Remarques :

🏠 Nom :

....

🌐 L'adresse du site :

....

👤 Nom d'utilisateur :

....

🔒 Mot de passe :

....

💬 Remarques :

....

....

◆◄◄•●•━━━━━━━━━⇒⇒〇⇐⇐━━━━━━━•●•►►◆

🏠 Nom :

....

🌐 L'adresse du site :

....

👤 Nom d'utilisateur :

....

🔒 Mot de passe :

....

💬 Remarques :

....

....

◆◄◄•●•━━━━━━━━━⇒⇒〇⇐⇐━━━━━━━•●•►►◆

🏠 Nom :

....

🌐 L'adresse du site :

....

👤 Nom d'utilisateur :

....

🔒 Mot de passe :

....

💬 Remarques :

....

....

Nom :

L'adresse du site :

Nom d'utilisateur :

Mot de passe :

Remarques :

Nom :

L'adresse du site :

Nom d'utilisateur :

Mot de passe :

Remarques :

Nom :

L'adresse du site :

Nom d'utilisateur :

Mot de passe :

Remarques :

🏠Nom :

....

🌐L'adresse du site :

....

👤Nom d'utilisateur :

....

🔒Mot de passe :

....

💬Remarques :

....

....

◆◄◄•●•━━━━━━━━━━━➤)(⤝━━━━━━━━━•●•►►◆

🏠Nom :

....

🌐L'adresse du site :

....

👤Nom d'utilisateur :

....

🔒Mot de passe :

....

💬Remarques :

....

....

◆◄◄•●•━━━━━━━━━━━➤)(⤝━━━━━━━━━•●•►►◆

🏠Nom :

....

🌐L'adresse du site :

....

👤Nom d'utilisateur :

....

🔒Mot de passe :

....

💬Remarques :

....

....

🏠Nom :

🌐L'adresse du site :

👤 Nom d'utilisateur :

🔒 Mot de passe :

💬Remarques :

🏠Nom :

🌐L'adresse du site :

👤 Nom d'utilisateur :

🔒 Mot de passe :

💬Remarques :

🏠Nom :

🌐L'adresse du site :

👤 Nom d'utilisateur :

🔒 Mot de passe :

💬Remarques :

🏠 Nom :

....

🌐 L'adresse du site :

....

👤 Nom d'utilisateur :

....

🔒 Mot de passe :

....

💬 Remarques :

....

....

❖───────❖❖❖───────❖

🏠 Nom :

....

🌐 L'adresse du site :

....

👤 Nom d'utilisateur :

....

🔒 Mot de passe :

....

💬 Remarques :

....

....

❖───────❖❖❖───────❖

🏠 Nom :

....

🌐 L'adresse du site :

....

👤 Nom d'utilisateur :

....

🔒 Mot de passe :

....

💬 Remarques :

....

....

🏠Nom :

🌐L'adresse du site :

👤Nom d'utilisateur :

🔒Mot de passe :

💬Remarques :

🏠Nom :

🌐L'adresse du site :

👤Nom d'utilisateur :

🔒Mot de passe :

💬Remarques :

🏠Nom :

🌐L'adresse du site :

👤Nom d'utilisateur :

🔒Mot de passe :

💬Remarques :

🏠Nom :

....

🌐L'adresse du site :

....

👤Nom d'utilisateur :

....

🔒 Mot de passe :

....

💬Remarques :

....

....

🏠Nom :

....

🌐L'adresse du site :

....

👤Nom d'utilisateur :

....

🔒 Mot de passe :

....

💬Remarques :

....

....

🏠Nom :

....

🌐L'adresse du site :

....

👤Nom d'utilisateur :

....

🔒 Mot de passe :

....

💬Remarques :

....

....

🏠Nom :

....

🌐L'adresse du site :

....

👤 Nom d'utilisateur :

....

🔒 Mot de passe :

....

💬Remarques :

....

....

◄◄●─────────────────►)(◄─────────────●●►►◄

🏠Nom :

....

🌐L'adresse du site :

....

👤 Nom d'utilisateur :

....

🔒 Mot de passe :

....

💬Remarques :

....

....

◄◄●─────────────────►)(◄─────────────●●►►◄

🏠Nom :

....

🌐L'adresse du site :

....

👤 Nom d'utilisateur :

....

🔒 Mot de passe :

....

💬Remarques :

....

....

🏠 Nom :

....

🌐 L'adresse du site :

....

👤 Nom d'utilisateur :

....

🔒 Mot de passe :

....

💬 Remarques :

....

....

◆◆◄◄•◦•————————➤➤◯◄◄————————•◦•►►◆◆

🏠 Nom :

....

🌐 L'adresse du site :

....

👤 Nom d'utilisateur :

....

🔒 Mot de passe :

....

💬 Remarques :

....

....

◆◆◄◄•◦•————————➤➤◯◄◄————————•◦•►►◆◆

🏠 Nom :

....

🌐 L'adresse du site :

....

👤 Nom d'utilisateur :

....

🔒 Mot de passe :

....

💬 Remarques :

....

....

🏠Nom :

....

🌐L'adresse du site :

....

👤 Nom d'utilisateur :

....

🔒 Mot de passe :

....

💬Remarques :

....

....

━━━━◆◆◆●●━━━━━━━━━━━━━━━━━━━━◆◆◆●●━━━━

🏠Nom :

....

🌐L'adresse du site :

....

👤 Nom d'utilisateur :

....

🔒 Mot de passe :

....

💬Remarques :

....

....

━━━━◆◆◆●●━━━━━━━━━━━━━━━━━━━━◆◆◆●●━━━━

🏠Nom :

....

🌐L'adresse du site :

....

👤 Nom d'utilisateur :

....

🔒 Mot de passe :

....

💬Remarques :

....

....

🏠 Nom :

....

🌐 L'adresse du site :

....

👤 Nom d'utilisateur :

....

🔒 Mot de passe :

....

💬 Remarques :

....

....

🏠 Nom :

....

🌐 L'adresse du site :

....

👤 Nom d'utilisateur :

....

🔒 Mot de passe :

....

💬 Remarques :

....

....

🏠 Nom :

....

🌐 L'adresse du site :

....

👤 Nom d'utilisateur :

....

🔒 Mot de passe :

....

💬 Remarques :

....

....

🏠Nom :

🌐L'adresse du site :

👤 Nom d'utilisateur :

🔒 Mot de passe :

💬Remarques :

🏠Nom :

🌐L'adresse du site :

👤 Nom d'utilisateur :

🔒 Mot de passe :

💬Remarques :

🏠Nom :

🌐L'adresse du site :

👤 Nom d'utilisateur :

🔒 Mot de passe :

💬Remarques :

🏠 Nom :
....

🌐 L'adresse du site :
....

👤 Nom d'utilisateur :
....

🔒 Mot de passe :
....

💬 Remarques :
....

....

◆◀◀•••——————————⇛)(⇚————————•••▶▶◆

🏠 Nom :
....

🌐 L'adresse du site :
....

👤 Nom d'utilisateur :
....

🔒 Mot de passe :
....

💬 Remarques :
....

....

◆◀◀•••——————————⇛)(⇚————————•••▶▶◆

🏠 Nom :
....

🌐 L'adresse du site :
....

👤 Nom d'utilisateur :
....

🔒 Mot de passe :
....

💬 Remarques :
....

....

Nom :

L'adresse du site :

Nom d'utilisateur :

Mot de passe :

Remarques :

Nom :

L'adresse du site :

Nom d'utilisateur :

Mot de passe :

Remarques :

Nom :

L'adresse du site :

Nom d'utilisateur :

Mot de passe :

Remarques :